σχολείο - sikolwa	2
ταξίδι - kuhamba	5
μεταφορά - kwetfutsa	8
πόλη - lidolobha lelikhulu	10
τοπίο - libala	14
εστιατόριο - sitolo sekudla	17
σούπερ μάρκετ - isuphamakethe	20
ποτά - tinatfo	22
φαγητό - kudla	23
αγρόκτημα - lipulazi	27
σπίτι - indlu	31
σαλόνι - indzawo yamabonakudze	33
κουζίνα - likhishi	35
μπάνιο - likamelo lekugezela	38
παιδικό δωμάτιο - likamelo lemntfwana	42
ρούχα - timphahla tekugcoka	44
γραφείο - lihhovisi	49
οικονομία - umnotfo	51
επαγγέλματα - tikhundla	53
εργαλεία - emathulusi	56
μουσικά όργανα - insimbi yemculo	57
ζωολογικός κήπος - i-zoo	59
αθλήματα - temidlalo	62
δραστηριότητες - imisebenti	63
οικογένεια - umndeni	67
σώμα - umtimba	68
νοσοκομείο - sibhedlela	72
έκτακτη ανάγκη - simo lesiphutfumako	76
Γη - Umhlaba	77
ρολόι - liwashi	79
εβδομάδα - liviki	80
έτος - umnyaka	81
σχήματα - kubumbeka kwetintfo	83
χρώματα - imibala	84
αντίθετα - lokwehlukile	85
αριθμοί - tinombolo	88
γλώσσες - tilwimi	90
ποιος / τι / πως - ngubani / ini / njani	91
που - kuphi	92

Impressum
Verlag: BABADADA GmbH, Nedderfeld 112 , 22529 Hamburg
Geschäftsführer / Verlagsleitung: Harald Hof
Druck: Books on Demand GmbH, In de Tarpen 42, 22848 Norderstedt

Imprint
Publisher: BABADADA GmbH, Nedderfeld 112 , 22529 Hamburg, Germany
Managing Director / Publishing direction: Harald Hof
Print: Books on Demand GmbH, In de Tarpen 42, 22848 Norderstedt

σχολείο
sikolwa

- διαιρώ — hlukanisa
- πίνακας — libhodi
- σχολική τάξη — likilasi
- σχολική αυλή — ligceke lesikolwa
- δάσκαλος — thishela
- χαρτί — liphepha
- γράφω — bhala
- στυλό — ipeni
- γραφείο — lideski
- χάρακας — i-ruler
- βιβλίο — incwadzi
- μαθητής — umuntfu

σχολική τσάντα
sikhwama setincwadzi tesikolwa

κασετίνα/ μολυβοθήκη
sikhwanyana semapenisela

μολύβι
ipenisela

ξύστρα
umshini wekulolo ipenisela

γόμα
i-rubber

μπλοκ ζωγραφικής
intfo yekudvweba

2   σχολείο - sikolwa

ζωγραφική
umdvwebo

πινέλο
libhulashi lekupenda

κουτί χρωμάτων
libhokisi lekupenda

ψαλίδι
tikelo

κόλλα
i-glue

τετράδιο ασκήσεων
incwadzi yekutadisha

εργασία για το σπίτι
umsebenti wasekhaya

αριθμός
inombolo

προσθέτω
hlanganisa

αφαιρώ
susa

πολλαπλασιάζω
phindzaphidza

υπολογίζω
bala

γράμμα
incwadzi

αλφάβητο
feleba

λέξη
ligama

σχολείο - sikolwa   3

κείμενο
umbhalo

διαβάζω
fundza

κιμωλία
ishogo

μάθημα
sifundvo

εγγράφομαι
i-register

τεστ
sivivinyo sekugcina

πιστοποιητικό
sitifiketi

μαθητική στολή
timphahla tesikolwa

εκπαίδευση
imfundvo

εγκυκλοπαίδεια
i-ensaklopheda

πανεπιστήμιο
inyuvesi

μικροσκόπιο
sipopolo

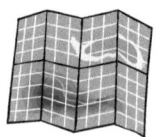
χάρτης
libalave

καλάθι αχρήστων
libhakede lekulahla emaphepha

σχολείο - sikolwa

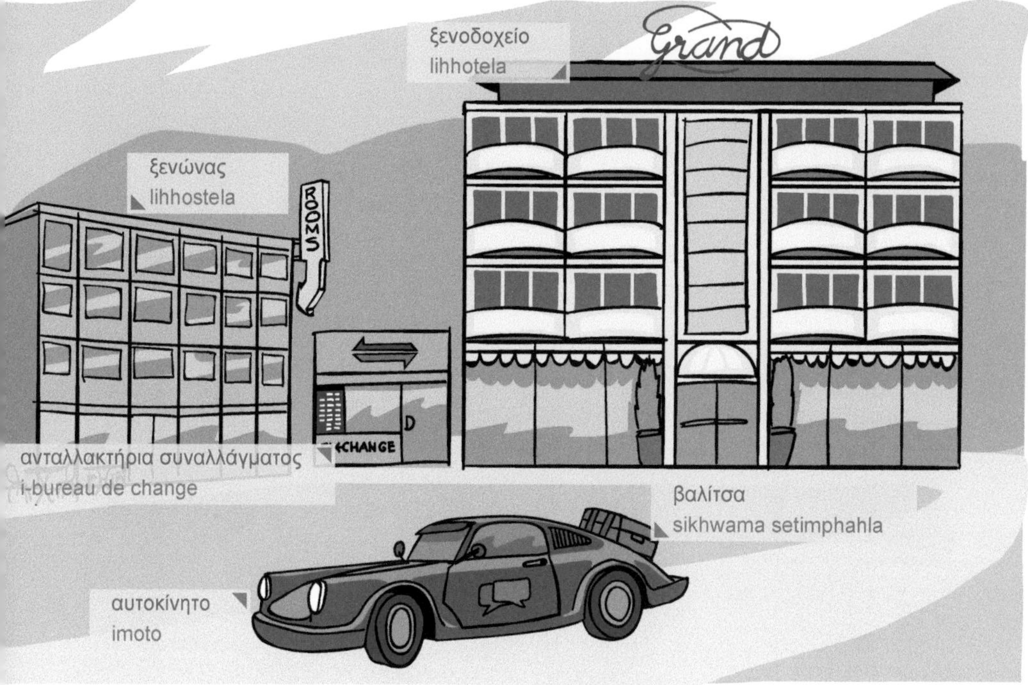

ταξίδι
kuhamba

ξενοδοχείο
lihhotela

ξενώνας
lihhostela

ανταλλακτήρια συναλλάγματος
i-bureau de change

βαλίτσα
sikhwama setimphahla

αυτοκίνητο
imoto

γλώσσα
lulwimi

ναι / όχι
yebo / cha

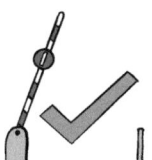

εντάξει
Kulungile

γεια σου
sawubona

μεταφραστής
umhumushi

Ευχαριστώ
Siyabonga

ταξίδι - kuhamba

πόσο κάνει ; ingumalini i....?	Δε καταλαβαίνω angivisisi kahle	πρόβλημα inkinga

Καλησπέρα! Lishonile!	Καλημέρα! Kusile!	Καληνύχτα! Ulale kahle!

Αντίο sala kahle	κατεύθυνση sicondziso	αποσκευές umtfwalo

τσάντα sikhwama	σακίδιο πλάτης sikhwama lesigacwako	καλεσμένος sivakashi

δωμάτιο likamelo	υπνόσακος sikhwama sekulala	σκηνή lithende

ταξίδι - kuhamba

τουριστικές πληροφορίες
imininingwane yetivakashi

παραλία
ibhishi

πιστωτική κάρτα
likhadi lemali

πρωινό
kudla kwasekuseni

μεσημεριανό
kudla kwasemini

δείπνο
kudla kwantsambama

εισιτήριο
lithikithi

ανελκυστήρας
i-lift

γραμματόσημο
sitembu

σύνορα
umcele

τελωνείο
emakhasimende

πρεσβεία
i-embasi

βίζα
i-visa

διαβατήριο
ipasipoti

ταξίδι - kuhamba

7

μεταφορά
kwetfutsa

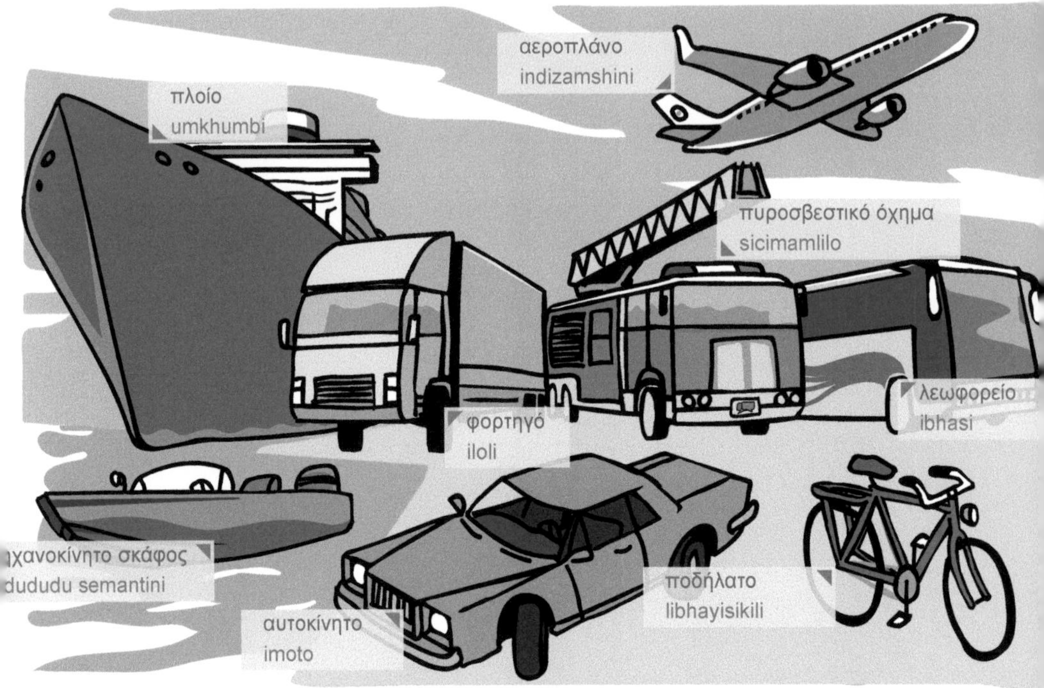

αεροπλάνο — indizamshini
πλοίο — umkhumbi
πυροσβεστικό όχημα — sicimamlilo
φορτηγό — iloli
λεωφορείο — ibhasi
μηχανοκίνητο σκάφος — dududu semantini
αυτοκίνητο — imoto
ποδήλατο — libhayisikili

φεριμπότ
i-ferry

βάρκα
sikebhe

μοτοσικλέτα
sidududu

περιπολικό
imoto yemaphoyisa

αγωνιστικό αυτοκίνητο
imoto yemjaho

ενοικιαζόμενο αυτοκίνητο
imoto yekucashisa

διαμοιρασμός αυτοκινήτων
kubolekana imoto

γερανός
i-breadown

απορριμματοφόρο
iloli yetibi

κινητήρας
imoto

καύσιμο
phethiloli

βενζινάδικο
ligalaji laphethiloli

πινακίδα σήμανσης
luphawu lwemgwaco

κυκλοφορία
incumbi yetimoto

κυκλοφοριακή συμφόρηση
incumbi yetimoto letime emngwacweni

χώρος στάθμευσης
ipaki yemoto

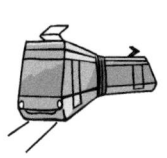
σιδηροδρομικός σταθμός
siteshi sesitimela

σιδηροδρομικές γραμμές
imizila

τρένο
sitimela

τραμ
i-tram

βαγόνι
inkalishi

μεταφορά - kwetfutsa

ελικόπτερο — indiza lenaphephela emhlane

αεροδρόμιο — sikhungo setindiza

πύργος — imoto yekudvonsa letibhajiwe

επιβάτης — bagibeli

εμπορευματοκιβώτιο — intfo yekutfwala

χαρτοκιβώτιο — likhathoni

καρότσι — i-cart

καλάθι — bhasikidi

απογειώνομαι / προσγειόνομαι — kusuka / kwehla

πόλη
lidolobha lelikhulu

χωριό — umuti

κέντρο της πόλης — ekhatsi nelidolobha

σπίτι — indlu

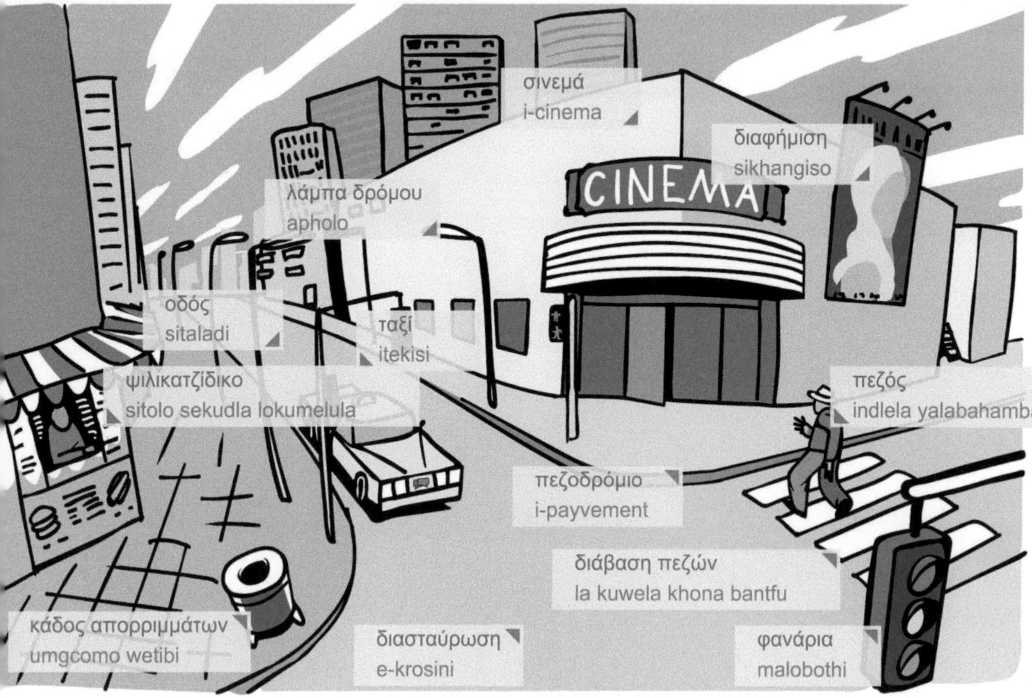

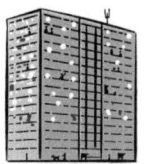

καλύβα
gucasthandaze

διαμέρισμα
lifulethi

σιδηροδρομικός σταθμός
siteshi sesitimela

δημαρχείο
lihholwa lasedolobheni

μουσείο
imnyusiyamu

σχολείο
sikolwa

πόλη - lidolobha lelikhulu

πανεπιστήμιο
inyuvesi

τράπεζα
libhange

νοσοκομείο
sibhedlela

ξενοδοχείο
lihhotela

φαρμακείο
ikhemisi

γραφείο
lihhovisi

βιβλιοπωλείο
sitolo setincwadzi

κατάστημα
sitolo

ανθοπωλείο
lotsengisa timbali

σούπερ μάρκετ
isuphamakethe

αγορά
imakethe

πολυκατάστημα
litiko letitolo

ιχθυοπωλείο
batsengisi betimfishi

εμπορικό κέντρο
luchungechuge lwetitolo

λιμάνι
sikhungo

πόλη - lidolobha lelikhulu

πάρκο
lipaki

παγκάκι
libhentji

γέφυρα
libhuloho

σκάλες
titezi

μετρό
ngephansi kwemhlaba

τούνελ
umhume

στάση λεωφορείου
siteshi sebhasi

μπαρ
sitolo setjwala

εστιατόριο
sitolo sekudla

γραμματοκιβώτιο
libhokisi leliposi

πινακίδα δρόμου
luphawu lwemgwaco

παρκόμετρο
umshini lobala sikhatsi sekupaka

ζωολογικός κήπος
i-zoo

πισίνα
i-swimming pool

τζαμί
lisontfo lemasulumane

πόλη - lidolobha lelikhulu

αγρόκτημα
lipulazi

ρύπανση
kugcolisa umoya

νεκροταφείο
emathuna

εκκλησία
lisontfo

παιδική χαρά
inkhundla yetemidlalo

ναός
lithempeli

τοπίο
libala

- φύλλο / licembe
- πινακίδα κατεύθυνσης / luphawu lwemgwaco
- δρόμος / indlela
- λιβάδι / umshiya
- πέτρα / litje
- δέντρο / sihlahla
- πεζοπόρος / lohamba indlela lendze ngetinyawo
- ποτάμι / umfula
- χορτάρι / tjani
- λουλούδι / imbali

κοιλάδα
sihosha

λόφος
ligcuma

λίμνη
lidanyana

δάσος
lihlatsi

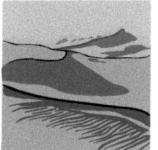
έρημος
lihlane

ηφαίστειο
intsabamlilo

κάστρο
umhlambi wetinkhomo

ουράνιο τόξο
umushi wenkhosatane

μανιτάρι
likhowa

φοίνικας
sihlahla semphayini

κουνούπι
imbuzulwane

μύγα
kundiza

μυρμήγκι
intfutfwane

μέλισσα
inyosi

αράχνη
sayobi

τοπίο - libala

σκαθάρι
inkhubabulongo

βάτραχος
sicoco

σκίουρος
chakijane

σκαντζόχοιρος
ingungumbane

λαγός
lolunye luhlobo lwalogwaja

κουκουβάγια
sikhova

πουλί
inyoni

κύκνος
i-swan

αγριογούρουνο
ingulube yesiganga

ελάφι
inyamatane

άλκη
i-moose

φράγμα
lidamu

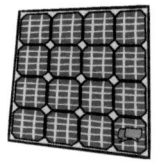

ανεμογεννήτρια
i-wind turbine

ηλιακός συλλέκτης
i-solar panel

κλίμα
simo selitulu

τοπίο - libala

εστιατόριο
sitolo sekudla

- σερβιτόρος / waiter
- κατάλογος / luhla lwekudla
- καρέκλα / situlo
- σούπα / lisobho
- πίτσα / i-pizza
- μαχαιροπίρουνα / tipuni imimese netimfologo
- τραπεζομάντιλο / indvwangu yelitafula

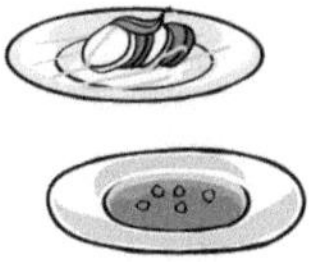

ορεκτικό
kudla lokusicalo

κύριο πιάτο
kudla locinile

επιδόρτιο
idizethi

ποτά
tinatfo

φαγητό
kudla

μπουκάλι
libhodlela

φαστ φουντ kudla lokusheshako	φαγητό στ' όρθιο kudla kwasemngwacweni	τσαγιέρα ligedlela lelitiye
	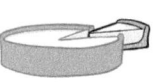	
δοχείο ζάχαρης indishi yashukela	μερίδα incenye	μηχανή εσπρέσο umshini we-espresso

ψηλή καρέκλα situlo lesiphakeme	λογαριασμός ibhili	δίσκος li-tray

μαχαίρι umukhwa	πιρούνι imfologo	κουτάλι sipuni

κουταλάκι του τσαγιού sipuni lesincane	πετσέτα φαγητού ithishu yetandla	ποτήρι ligilasi

εστιατόριο - sitolo sekudla

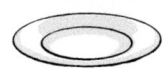
πιάτο
lipuleti

πιάτο σούπας
lipuleti lelisobho

πιατάκι φλιτζανιού
lipringi

σάλτσα
i-sauce

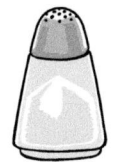
αλατιέρα
libhodvo lasawoti

μύλος για πιπέρι
i-pepper mill

ξύδι
niniga

λάδι
emafutsa awoyela

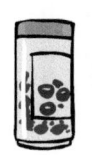 
μπαχαρικά
tipayisi

κέτσαπ
i-ketchup

μουστάρδα
i-mustard

μαγιονέζα
mayonasi

εστιατόριο - sitolo sekudla

σούπερ μάρκετ
isuphamakethe

προσφορά
lokusendalini

πελάτης
likhasimende

γαλακτοκομικά προϊόντα
indzawo yelubisi

φρούτα
titselo

καρότσι για ψώνια
i-trolley

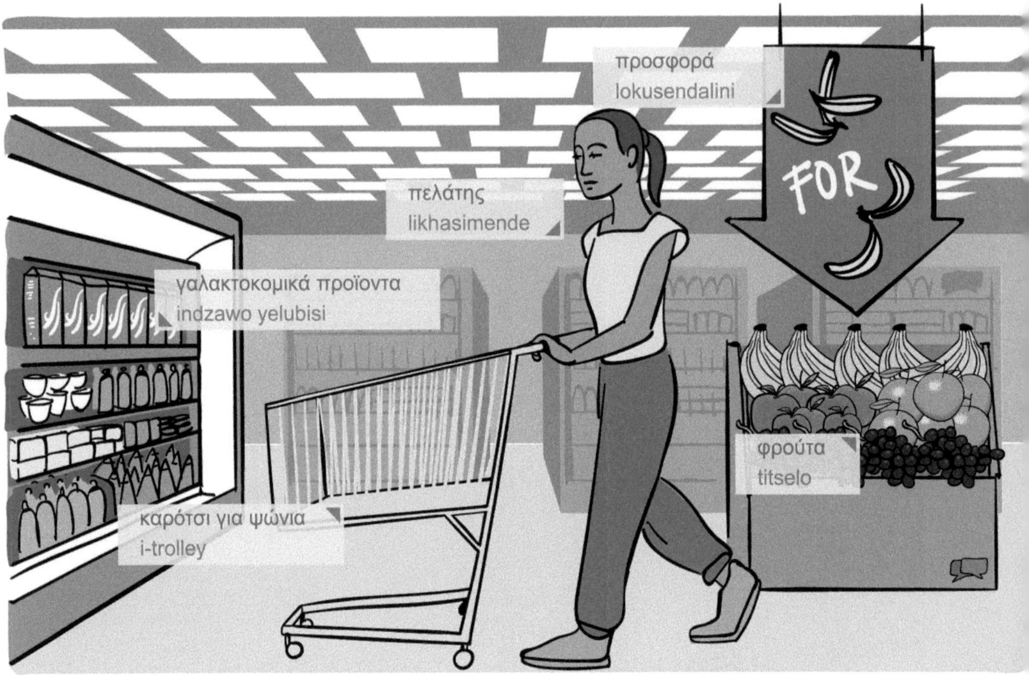

κρεοπωλείο
ibhushari

φούρνος
i-baker

ζυγίζω
kala

λαχανικά
tibhidvo

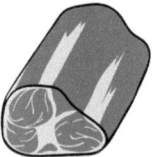

κρέας
inyama

κατεψυγμένα τρόφιμα
kudla lokucandzisiwe

σούπερ μάρκετ - isuphamakethe

αλλαντικά
inyama lebandzako

κονσερβοποιημένη τροφή
kudla likusemathinini

απορρυπαντικό ρούχων
insipho yekuwasha

γλυκά
emaswidi

οικιακά είδη
tintfo tasekhaya

καθαριστικά προϊόντα
imitsi yekukolobha

πωλήτρια
umuntfu lotsengisako

ταμείο
endzaweni yekubhadala

ταμίας
umtsengisi

λίστα για ψώνια
uhla lwetintfo tekutsengwa

ωράριο λειτουργίας
ema-awa ekuvula

πορτοφόλι
sipatji

πιστωτική κάρτα
likhadi lemali

τσάντα
sikhwama

πλαστική σακούλα
sikhwama seshekhasi

σούπερ μάρκετ - isuphamakethe

21

ποτά
tinatfo

νερό
emanti

χυμός
ijuzi

γάλα
lubisi

κόκα κόλα
ikhokhi

κρασί
liwani

μπίρα
ibhiya

αλκοόλ
tjwala

κακάο
ikhokho

τσάι
litiye

καφές
likhofi

εσπρέσο
i-espresso

καπουτσίνο
i-cappuccino

φαγητό
kudla

μπανάνα
bhanana

μήλο
lihhabhula

πορτοκάλι
liwolintji

πεπόνι
melon

λεμόνι
ilemoni

καρότο
emavondlela

σκόρδο
galiki

μπαμπού
i-bamboo

κρεμμύδι
anyanisi

μανιτάρι
emakhowa

ξηροί καρποί
emantongomane

νουντλς
ema-noodles

μακαρόνια sipageti	ρύζι lilayisi	σαλάτα isaladi

πατατάκια emashibusi	τηγανητές πατάτες emazambane lafrayiwe	πίτσα i-pizza

χάμπουργκερ i-burger	σάντουιτς isengwishi	κοτολέτα inyama lefulawe netimvitsi tesinkhwa
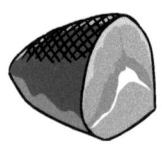		
ζαμπόν i-ham	σαλάμι isalami	λουκάνικο livosi

κοτόπουλο inyama yenkhukhu	ψητό lokufrayiwe	ψάρι imfishi

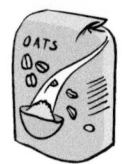
χυλός βρώμης
i-oats

μούσλι
imusili

κορν φλέικς
ema-cornflakes

αλεύρι
fulawa

κρουασάν
ema-croissant

ψωμάκι
sinkhwa

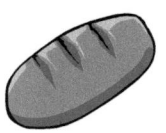
ψωμί
sinkhwa

τοστ
linkhwa lesithosiwe

μπισκότα
emabhisikidi

βούτυρο
bhotela

τυρόπηγμα
i-curd

κέικ
likhekhe

αυγό
emacandza

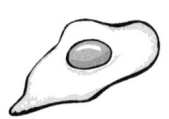
τηγανητό αυγό
emacandza lafulayiwe

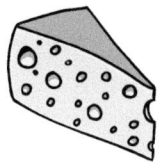
τυρί
ishizi

φαγητό - kudla

παγωτό
i-ice cream

ζάχαρη
shukela

μέλι
luju

μαρμελάδα
jamu

άλλειμμα σοκολάτας
shokolethi

κάρυ
ikheri

φαγητό - kudla

αγρόκτημα
lipulazi

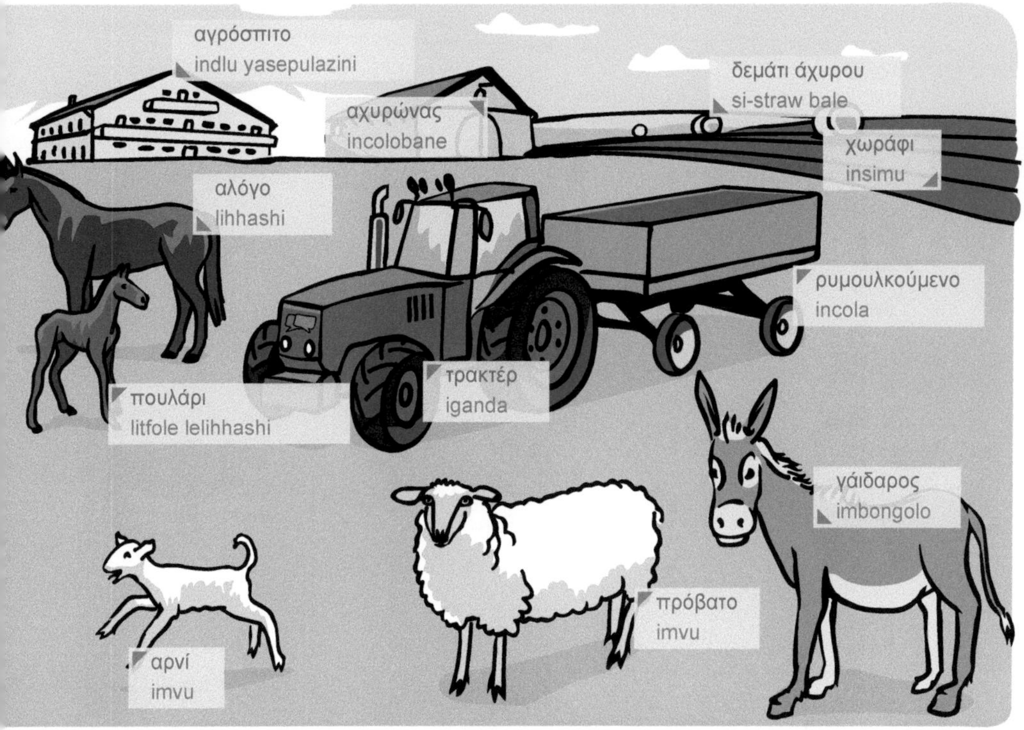

αγρόσπιτο - indlu yasepulazini

αχυρώνας - incolobane

δεμάτι άχυρου - si-straw bale

χωράφι - insimu

άλογο - lihhashi

ρυμουλκούμενο - incola

πουλάρι - litfole lelihhashi

τρακτέρ - iganda

γάιδαρος - imbongolo

πρόβατο - imvu

αρνί - imvu

κατσίκα
imbuti

αγελάδα
inkhomo

μοσχαράκι
litfole

γουρούνι
ingulube

γουρουνάκι
ingulutjana

ταύρος
inkhunzi

αγρόκτημα - lipulazi

χήνα
lihansi

πάπια
lidada

κοτοπουλάκι
lintjwele

κότα
sikhukhukati

κόκορας
lichudze

αρουραίος
ligundvwane

γάτα
likati

ποντίκι
ligundvwane lelincane

βόδι
inkhunzi

σκύλος
inja

σπιτάκι σκύλου
indlu yenja

λάστιχο κήπου
liphayiphi lemanti asengadzini

ποτιστήρι
libhakede lemanti

θεριστήρι
i-scythe

αλέτρι
likhuba leganda

28   αγρόκτημα - lipulazi

 δρεπάνι lisikela	 τσάπα likhuba	 δίκρανο imfologo yetjani
 τσεκούρι lizembe	 χειράμαξα libhala	 ταΐστρα litrofula
 δοχείο γάλακτος iromkani	 σάκος lisaka	 φράχτης ifenisi
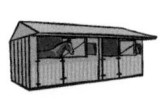 στάβλος sitebele	 θερμοκήπιο indlu leluhlata	 έδαφος umhlabatsi
 σπόρος imbewu	 λίπασμα sivundzisi	 θεριζοαλωνιστική μηχανή bavuni

αγρόκτημα - lipulazi

θερίζω	συγκομιδή	γιαμς
vuna	sivuno	i-yams

 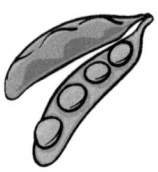 

σιτάρι	σόγια	πατάτα
likhula	isoyi	lizambane

καλαμπόκι	κράμβη	οπωροφόρο δέντρο
sibhuluja sembila	i-rapeseed	sihlahla setitselo

μανιόκα	δημητριακά
bhatata	ema-cereals

αγρόκτημα - lipulazi

σπίτι
indlu

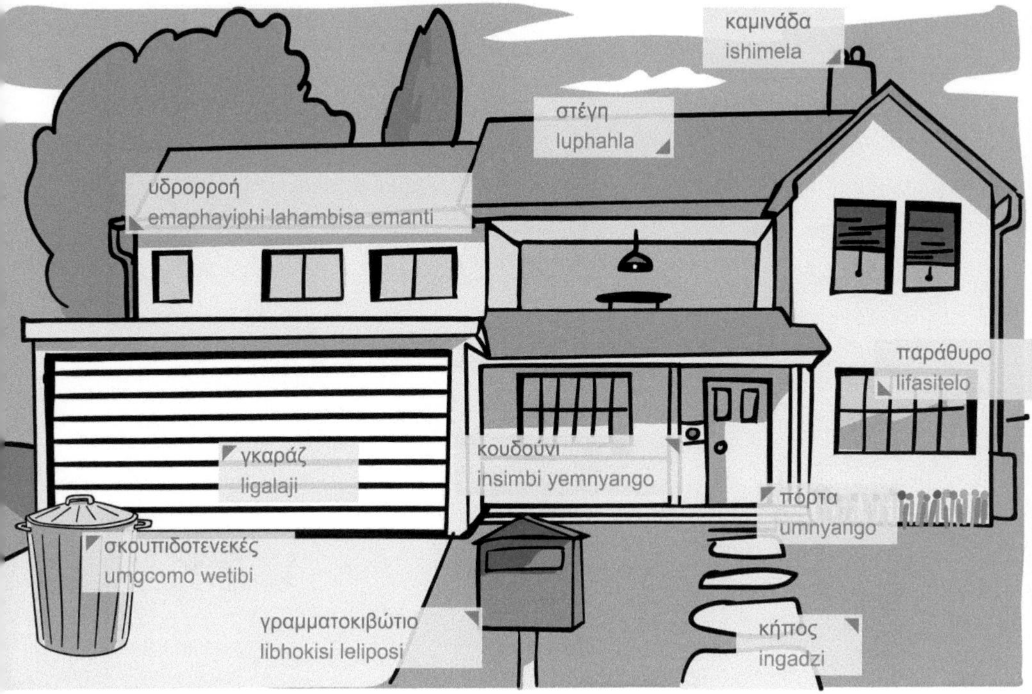

- καμινάδα / ishimela
- στέγη / luphahla
- υδρορροή / emaphayiphi lahambisa emanti
- παράθυρο / lifasitelo
- γκαράζ / ligalaji
- κουδούνι / insimbi yemnyango
- πόρτα / umnyango
- σκουπιδοτενεκές / umgcomo wetibi
- γραμματοκιβώτιο / libhokisi leliposi
- κήπος / ingadzi

σαλόνι
indzawo yamabonakudze

μπάνιο
likamelo lekugezela

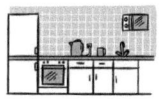

κουζίνα
likhishi

υπνοδωμάτιο
likamelo

παιδικό δωμάτιο
likamelo lemntfwana

τραπεζαρία
ligumbu lekudlela

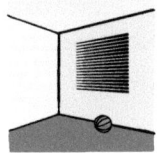

πάτωμα
siyilo

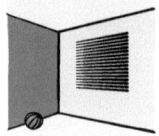

τοίχος
lubondza

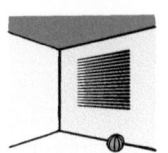

οροφή
isilingi

κελάρι
i-cellar

σάουνα
i-sauna

μπαλκόνι
umpheme

βεράντα
libala

πισίνα
lidamu lekududa

μηχανή του γκαζόν
umshini wetjani

σεντόνι
lishidi

κάλυμμα κρεβατιού
ibhedspredi

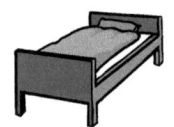

κρεβάτι
umbhedze

σκούπα
umshanelo

κουβάς
libhakede

διακόπτης
iswishi

σπίτι - indlu

σαλόνι
indzawo yamabonakudze

- ταπετσαρία / i-wallpaper
- φωτογραφία / sitfombe
- λάμπα / sibane
- ράφι / lishelufa
- ντουλάπι / likhabethe
- τζάκι / likahela
- τηλεόραση / mabonakudze
- λουλούδι / imbali
- μαξιλάρι / ikhushini
- βάζο / ivasi
- καναπές / sofa
- τηλεκοντρόλ / irimothi

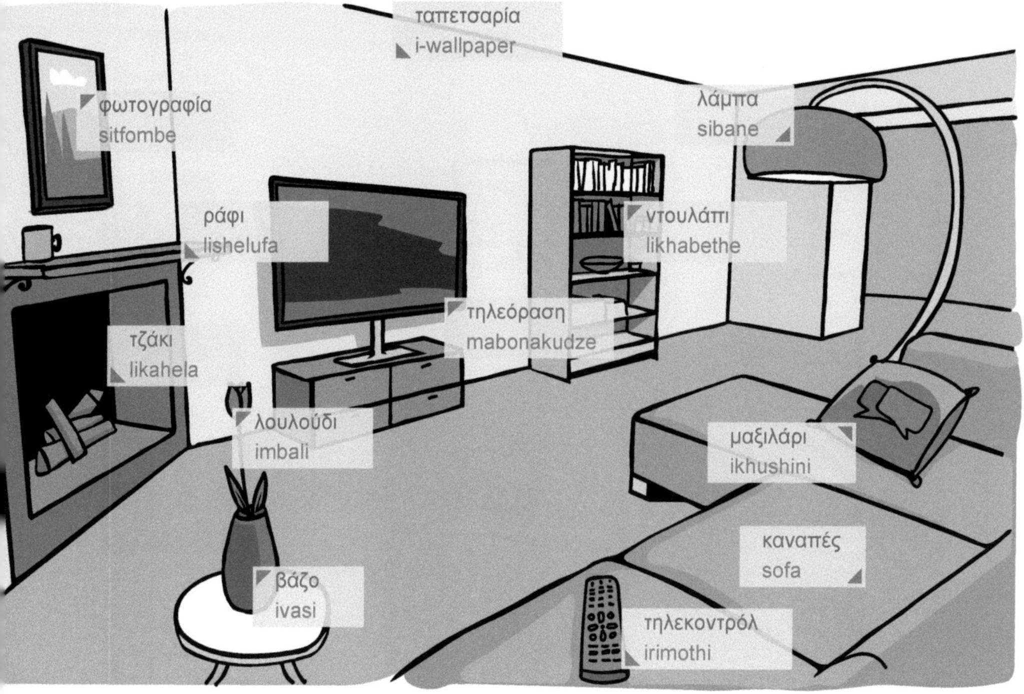

χαλί
imadi yendlu

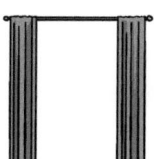

κουρτίνα
likhetheni

τραπέζι
litafula

καρέκλα
situlo

κουνιστή πολυθρόνα
situlo sangephandle

πολυθρόνα
situlosemikhono

σαλόνι - indzawo yamabonakudze

βιβλίο
incwadzi

κουβέρτα
ingubo

διακόσμηση
umhlobiso

καυσόξυλα
tinkhuni tekubasa

ταινία
lifilimu

στερεοφωνικό σύστημα
igumbagumba

κλειδί
tikhiya

εφημερίδα
liphephandzaba

πίνακας ζωγραφικής
pende

αφίσα
likhadi laselubondzeni

ραδιόφωνο
iwayilensi

σημειωματάριο
kwekutsa emaphuzu

ηλεκτρική σκούπα
i-hoover

κάκτος
sitjalo lokutsiwa yi-cactus

κερί
likhandlela

34 σαλόνι - indzawo yamabonakudze

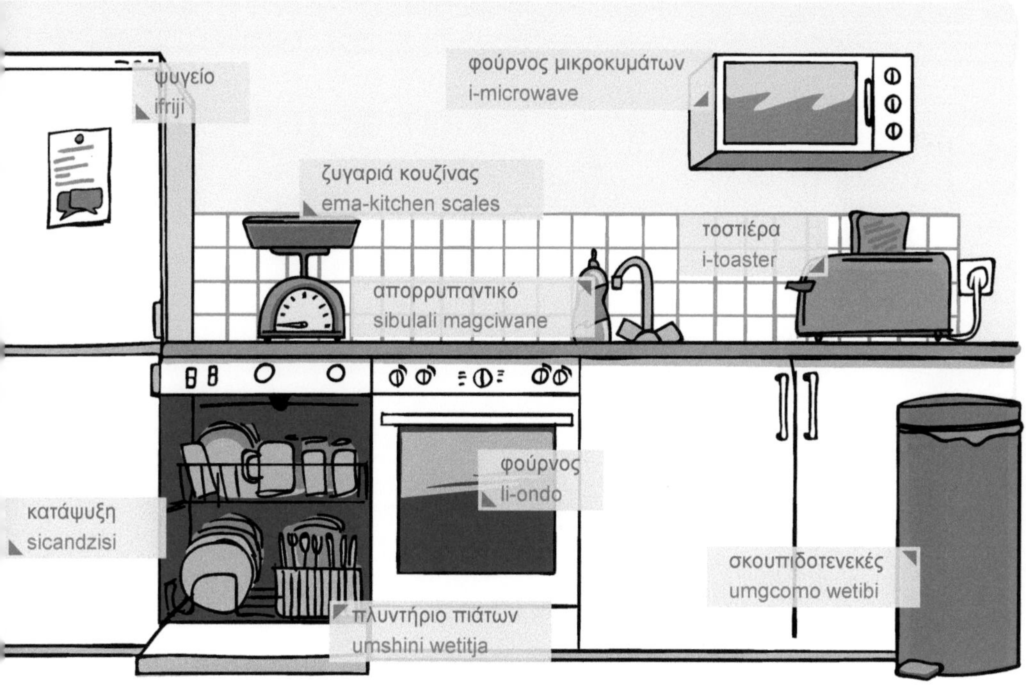

κουζίνα
likhishi

- ψυγείο / ifriji
- φούρνος μικροκυμάτων / i-microwave
- ζυγαριά κουζίνας / ema-kitchen scales
- απορρυπαντικό / sibulali magciwane
- τοστιέρα / i-toaster
- φούρνος / li-ondo
- κατάψυξη / sicandzisi
- σκουπιδοτενεκές / umgcomo wetibi
- πλυντήριο πιάτων / umshini wetitja

κουζίνα
umpheki

κατσαρόλα
libhodvo

μαντεμένια κατσαρόλα
i-cast-iron pot

γουόκ/καντάι
i-wok /kadai

τηγάνι
lipani

βραστήρας
ligedlela

ατμομάγειρας
i-steamer

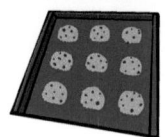

ταψί
lipani lekubhaka

πιατικά
i-crockery

κούπα
imagi

μπολ
indishi

ξυλάκια
tindvukwana tekujuba

κουτάλα
i-landle

σπάτουλα
si-spatula

ανακατεύω
i-whisk

σουρωτήρι
i-strainer

σουρωτηράκι
i-sieve

τρίφτης
i-grater

γουδί
i-mortar

ψησταριά
i-barbecue

ανοιχτή φωτιά
umlilo lovulekile

κουζίνα - likhishi

σανίδα κοπής
libhodi lekujuba kudla

πλάστης
i-rolling pin

ανοιχτήρι φελλών
i-corkscrew

κονσέρβα
likani

ανοιχτήρι κονσέρβας
lithulusi lekuvala likani

γάντι φούρνου
intfo yekubeka emabhodvo

νεροχύτης
izinki

βούρτσα
libhulashi

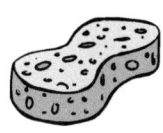

σφουγγάρι
sipontji

μπλέντερ
i-blender

καταψύκτης
i-deep freezer

μπιμπερό
libhodlela lemntfwana

βρύση
impompi

κουζίνα - likhishi

μπάνιο
likamelo lekugezela

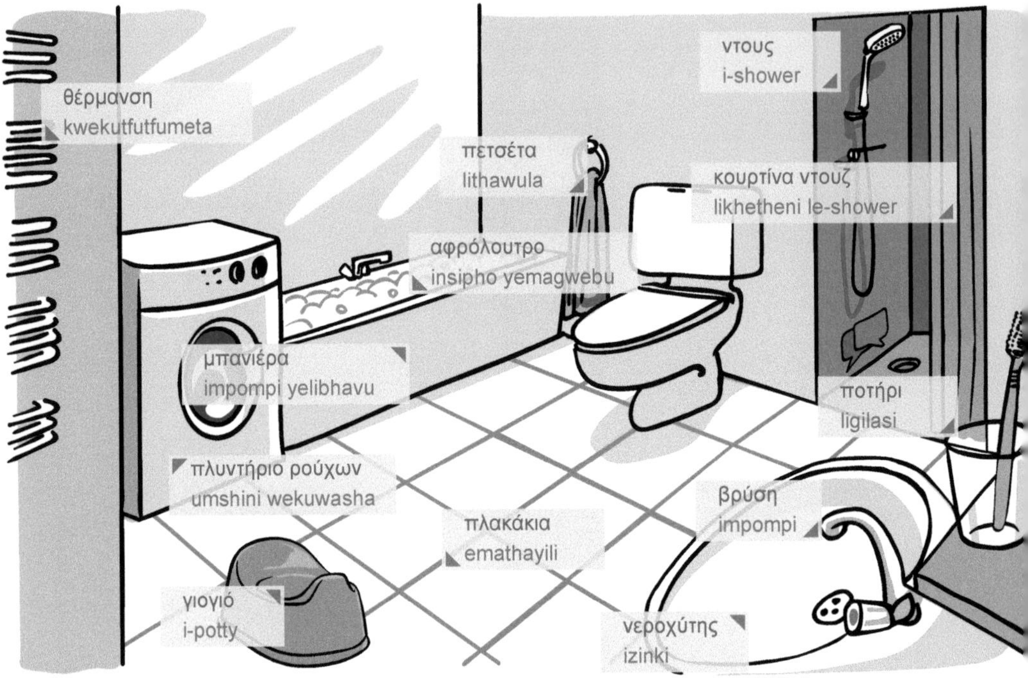

- θέρμανση — kwekutfutfumeta
- πετσέτα — lithawula
- ντους — i-shower
- κουρτίνα ντους — likhetheni le-shower
- αφρόλουτρο — insipho yemagwebu
- μπανιέρα — impompi yelibhavu
- ποτήρι — ligilasi
- πλυντήριο ρούχων — umshini wekuwasha
- πλακάκια — emathayili
- βρύση — impompi
- γιογιό — i-potty
- νεροχύτης — izinki

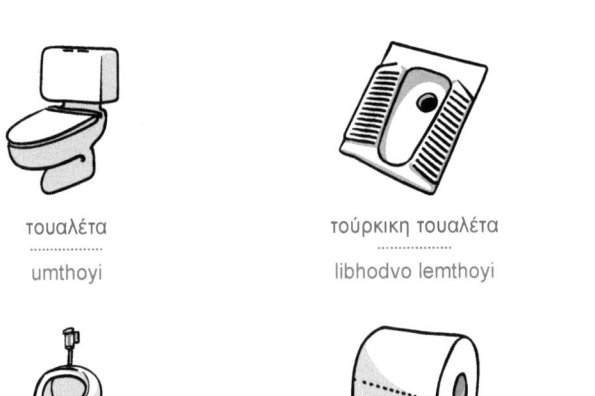

τουαλέτα
umthoyi

τούρκικη τουαλέτα
libhodvo lemthoyi

μπιντές
i-bidet

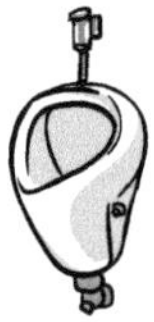

ουρητήριο
umnchamo

χαρτί υγείας
ithishu

πιγκάλ
libhulashi lemthoyi

οδοντόβουρτσα
libhulashi lematinyo

οδοντόκρεμα
insipho yematinyo

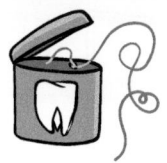

οδοντικό νήμα
intsambo yekuhlanta ematinyo

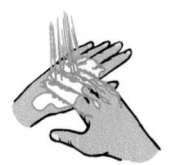

πλένω
washa

τηλέφωνο ντους
liphayiphu le-shower lelibanjwa ngetandla

ντουσιέρα
i-douche

λεκάνη
i-basin

βούρτσα πλάτης
libhulashi lemgogodla

σαπούνι
insipho lecinile

αφρόλουτρο
i-gel ye-shower

σαμπουάν
insipho yemagwebu

φανέλα
i-flannel

σιφόνι
kwekuhambisa emanti

κρέμα
i-cream

αποσμητικό
emakha emakhwapha

μπάνιο - likamelo lekugezela

καθρέφτης
sibuko

καθρέφτης χειρός
sibuko lesincane

ξυραφάκι
i-razor

αφρός ξυρίσματος
emagwebu ekushefa

αφτερσέιβ
kwegcobisa ngemuva kwekushefa

χτένα
i-comb

βούρτσα
libhulashi

σεσουάρ
kwekomisa tinwele

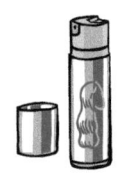

λακ
kwekufutsa tinwele

μακιγιάζ
kwekutimomonya

κραγιόν
i-lipstick

βερνίκι νυχιών
pende wetingalo

βαμβάκι
i-cotton wool

ψαλίδι νυχιών
sikelo setingalo

άρωμα
emakha

μπάνιο - likamelo lekugezela

νεσεσέρ
sikhwama setintfo tekugeza

σκαμπό
situlo

ζυγαριά
sikali sesisindvo

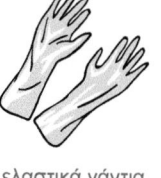

μπουρνούζι
kwekugcoka nawugeza

ελαστικά γάντια
emagilavu e-rubber

ταμπόν
i-tampon

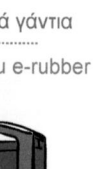

πετσέτα υγιεινής
lithawula lekuhlanta

χημική τουαλέτα
imitsi yekukolobha umthoyi

μπάνιο - likamelo lekugezela

παιδικό δωμάτιο
likamelo lemntfwana

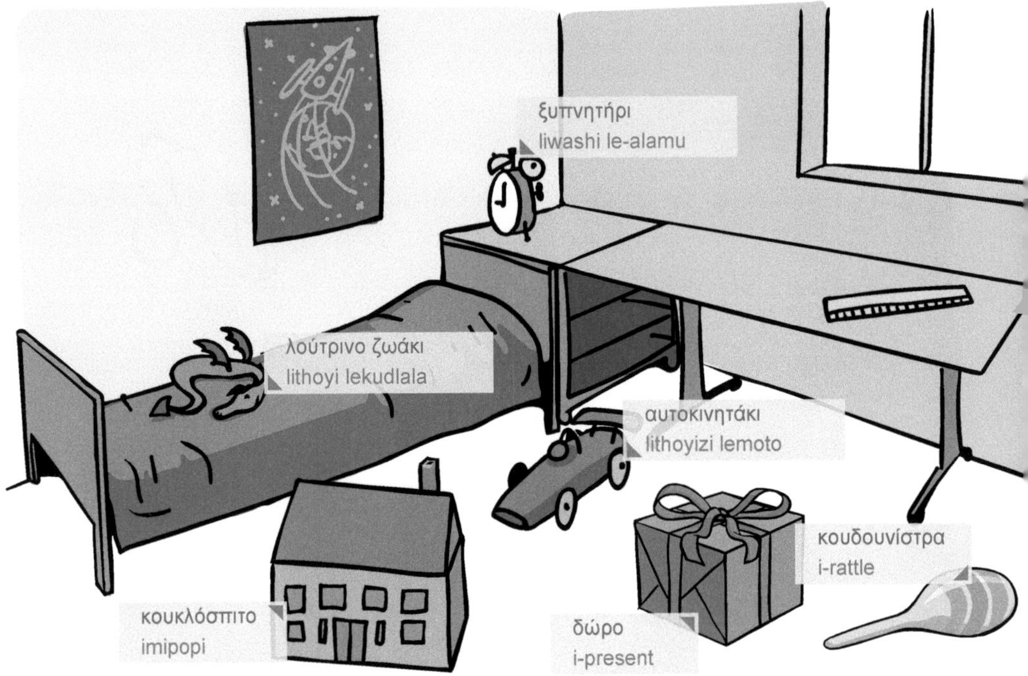

ξυπνητήρι
liwashi le-alamu
λούτρινο ζωάκι
lithoyi lekudlala
αυτοκινητάκι
lithoyizi lemoto
κουδουνίστρα
i-rattle
κουκλόσπιτο
imipopi
δώρο
i-present

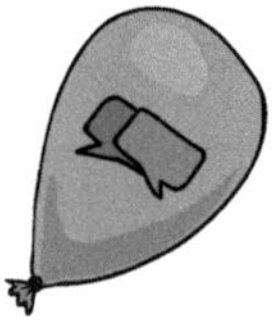

μπαλόνι
ibhaluni

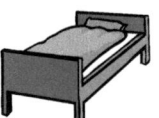

κρεβάτι
umbhedze

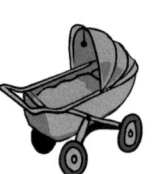

καροτσάκι
ipram

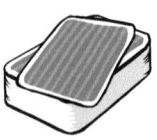

τράπουλα
emakhadi ekudlala

παζλ
i-jigsaw

SUPER
MEGA

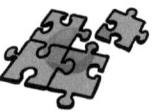

κόμικς
i-comic

τουβλάκια lego
emabloko e-lego

τουβλάκια κατασκευών
emabloko ekwakha

φιγούρα δράσης
i-actionfigure

βρεφικό φορμάκι
kukhula kwemntfwana

φρίσμπι
i-frisbee

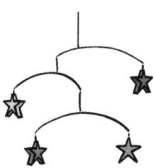
μόμπιλο
i-mobile

επιτραπέζιο παιχνίδι
ibhodi yemdlalo

ζάρια
lidayisi

σετ τρενάκι
isethi yemathoyizi etitimela

πιπίλα
i-dummy

πάρτι
i-party

εικονογραφημένο βιβλίο
incwadzi yetitfombe

μπάλα
ibhola

κούκλα
nodoli

παίζω
dlala

σκάμμα με άμμο
umgodzi wemhlabatsi

κούνια
umjikeli

παιχνίδια
emathoyizi

κονσόλα βιντεοπαιχνιδιών
umshini wemdlalo wemavideo

τρίκυκλο
masondvontsatfu

αρκουδάκι
umdoli welibhele

ντουλάπα
ihhodrobhu

ρούχα
timphahla tekugcoka

κάλτσες
emakawosi

καλτσοδέτες
ema-stockings

καλσόν
umtjopi

σώμα
umtimba

παντελόνι
emabhuluko

τζιν παντελόνι
ibhokathi

φούστα
sikedi

μπλούζα
liblawosi

πουκάμισο
liyembe

πουλόβερ
i-pullover

πουλόβερ
i-hoodie

σακάκι
libhantji

μπουφάν
silamba

παλτό
lijazi

αδιάβροχο πανωφόρι
lijazi lemvula

κοστούμι
i-costume

φόρεμα
lilogo

νυφικό
likogo lemshado

κοστούμι
isudi

νυχτικό
i-gown yasebusuku

πιτζάμες
emabhijamu

σάρι
i-sari

μαντήλι
sikafu

τουρμπάνι
i-turban

μπούρκα
i-burqa

καφτάνι
i-kaftan

μουσουλμανικό ένδυμα
i-abaya

ολόσωμο μαγιό
timphahla tekududa

ανδρικό μαγιό
ema-anda

σορτς
emabhuluko lamafishane

αθλητική φόρμα
i-treksudi

ποδιά
liphinifa

γάντια
emaglavu

ρούχα - timphahla tekugcoka

κουμπί
inkinobho

γυαλιά
tibuko

βραχιόλι
buhlalu

περιδέραιο
umgaco

δαχτυλίδι
indandatho

σκουλαρίκι
emacici

καπέλο
likepisi

κρεμάστρα
i-hanger yelijazi

καπέλο
sigcoko

γραβάτα
thayi

φερμουάρ
iziphu

κράνος
sivikelo senhloko

τιράντες
kwekusekela sitfo semtimba

μαθητική στολή
timphahla tesikolwa

στολή
inyunifomu

ρούχα - timphahla tekugcoka

σαλιάρα
i-bib

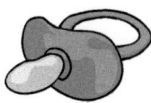
πιπίλα
i-dummy

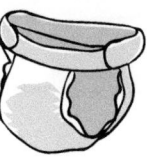
πάνα
linabukeli

γραφείο
lihhovisi

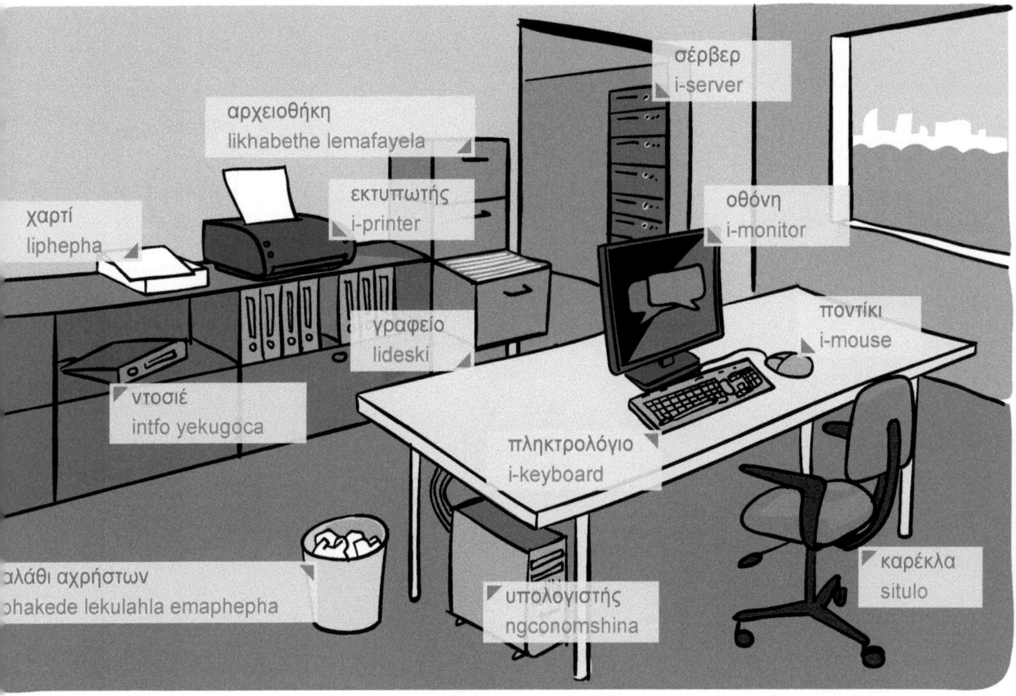

αρχειοθήκη
likhabethe lemafayela

σέρβερ
i-server

χαρτί
liphepha

εκτυπωτής
i-printer

οθόνη
i-monitor

γραφείο
lideski

ποντίκι
i-mouse

ντοσιέ
intfo yekugoca

πληκτρολόγιο
i-keyboard

καρέκλα
situlo

καλάθι αχρήστων
bhakede lekulahla emaphepha

υπολογιστής
ngconomshina

κούπα του καφέ
likomishi lelikofi

κομπιουτεράκι
i-calculator

ίντερνετ
i-inthanethi

λάπτοπ
i-laptop

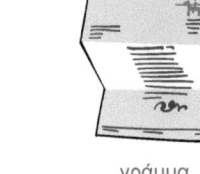
γράμμα
incwadzi

μήνυμα
umlayeto

κινητό
i-mobile

δίκτυο
i-network

φωτοτυπικό μηχάνημα
umshini wekwenta emakhophi

λογισμικό
i-software

τηλέφωνο
lucingo

πρίζα
liplaliki lagesi

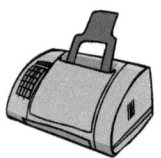
συσκευή φαξ
umshini wekufeksa

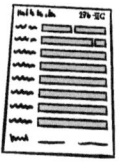
έντυπο
lifomu

έγγραφο
liphepha

γραφείο - lihhovisi

οικονομία
umnotfo

αγοράζω
tsenga

πληρώνω
bhadala

συναλλάσσομαι
beka imali

χρήματα
imali

δολάριο
li-dollar

ευρώ
li-euro

γιεν
li-yen

ρούβλι
li-rouble

ελβετικό φράγκο
i-Swiss franc

ρενμίνμπι γιουάν
i-renminbi yuan

ρουπία
i-rupee

ATM (αυτόματη ταμειακή μηχανή)
umshini wemali

ανταλλακτήρια
συναλλάγματος
i-bureau de change

χρυσός
ligolide

ασήμι
lisiliva

πετρέλαιο
woyela

ενέργεια
emandla

τιμή
linani

συμβόλαιο
sivumelwano

φόρος
umtselo

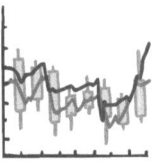

μετοχή
sitoko

δουλεύω
sebenta

υπάλληλος
sisebenti

εργοδότης
umcashi

εργοστάσιο
ifemu

κατάστημα
sitolo

οικονομία - umnotfo

επαγγέλματα
tikhundla

αστυνόμος
liphoyisa

πυροσβέστης
umcimimlilo

μάγειρας
umpheki

γιατρός
dokotela

πιλότος
umshayeli wetindiza

κηπουρός
losebenta engadzini

ξυλουργός
ummbati

μοδίστρα
umtfungi

δικαστής
mehluleli

χημικός
khemisi

ηθοποιός
umlingisi

οδηγός λεωφορείου
umshayeli webhasi

ταξιτζής
umshayeli wekhumbi

ψαράς
umdvobi

καθαρίστρια
limedi

τεχνίτης στεγών
umfuleli

σερβιτόρος
waiter

κυνηγός
umtingeli

ζωγράφος
mapendani

αρτοποιός
umbhaki

ηλεκτρολόγος
gesana

οικοδόμος
meselane

μηχανολόγος
sonjiniyela

κρεοπώλης
umtsengisi wenyama

υδραυλικός
somaphayiphi

ταχυδρόμος
lohambisa liposi

επαγγέλματα - tikhundla

στρατιώτης
lisotja

αρχιτέκτονας
umdvwebi wemapulani

ταμίας
umtsengisi

ανθοπώλης
umtsengisi wetimbali

κομμωτής
losebenta ngetinwele

ελεγκτής εισιτηρίων
umbhidisi

μηχανικός
mekhenikha

καπετάνιος
kaputeni

οδοντίατρος
dokotela wematinyo

επιστήμονας
sosayensi

ραβίνος
rabi

ιμάμης
imam

μοναχός
monk

ιερέας
umfundisi

επαγγέλματα - tikhundla

εργαλεία
emathulusi

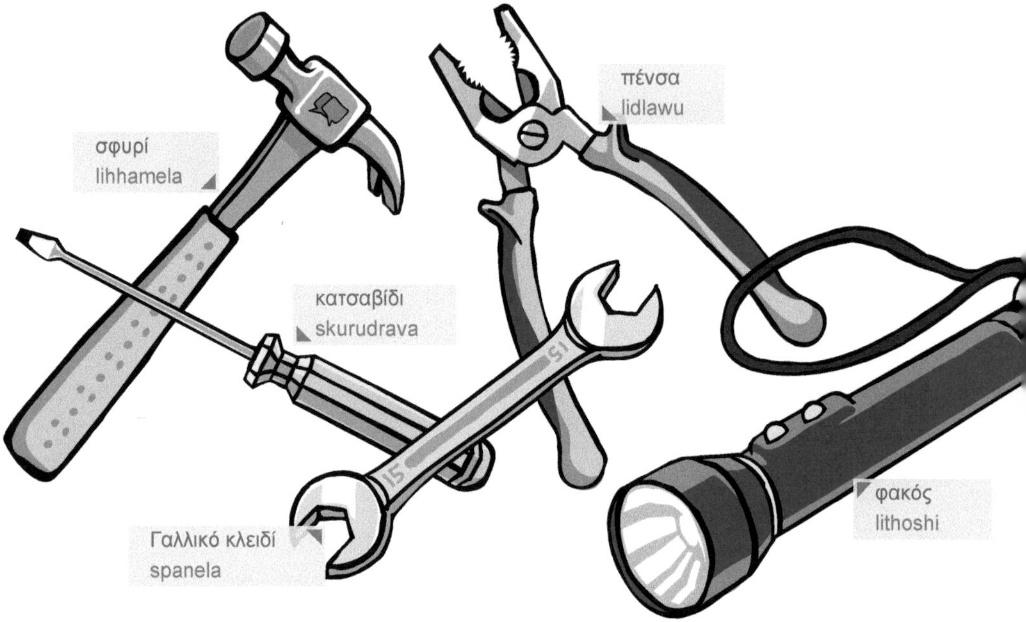

σφυρί
lihhamela

πένσα
lidlawu

κατσαβίδι
skurudrava

φακός
lithoshi

Γαλλικό κλειδί
spanela

εκσκαφέας
lifosholo

εργαλειοθήκη
libhokisi lemathulusi

σκάλα
lilele

πριόνι
lisaha

καρφιά
tipikili

τρυπάνι
umshini wekwenta timbobo

επισκευάζω
lungisa

φτυάρι
lifosholo

Να πάρει!
i-Damni!

φαράσι
lipani lekuwola tibi

δοχείο χρωμάτων
likani lapende

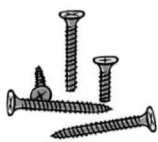

βίδες
tikruzi

μουσικά όργανα
insimbi yemculo

ντραμς
ikhithi yemadramu

μεγάφωνο
sipika lesikhulu

κιθάρα
lugitali

κοντραμπάσο
lugitali lolukhulu

τρομπέτα
i-trumpet

πιάνο	βιολί	μπάσο
i-piano	ivayolini	ibhesi

τύμπανα	τύμπανο	πλήκτρα
i-timpani	emadramu	i-keyboard

σαξόφωνο	φλάουτο	μικρόφωνο
i-saxohone	ifluthi	umbhobho

ζωολογικός κήπος
i-zoo

είσοδος
umnyango wekungen

τίγρης
ingwe

κλουβί
lihhoko

ζέβρα
lidvuba

ζωοτροφή
kupha tilwane kudla

πάντα
ipanda

ζώα
tilwane

ελέφαντας
indlovu

καγκουρό
ikangaru

ρινόκερος
bhejane

γορίλας
igorila

αρκούδα
libhele

ζωολογικός κήπος - i-zoo

καμήλα
likamela

στρουθοκάμηλος
i-ostrishi

λιοντάρι
libhubesi

πίθηκος
imfene

φλαμίνγκο
i-flamingo

παπαγάλος
iparoti

πολική αρκούδα
libhele

πιγκουίνος
iphejini

καρχαρίας
shaka

παγώνι
iphigogo

φίδι
inyoka

κροκόδειλος
ingwenya

φύλακας ζωολογικού κήπου
umgcini tilwane

φώκια
isili

τζάγκουαρ
i-jaguar

ζωολογικός κήπος - i-zoo

πόνυ
poni

λεοπάρδαλη
ingwe

ιπποπόταμος
imvubu

καμηλοπάρδαλη
indlulamitsi

αετός
lusweti

αγριογούρουνο
ingulube yesiganga

ψάρι
imfishi

χελώνα
lifundvu

θαλάσσιος ίππος
i-warasi

αλεπού
jakalazi

γαζέλα
inyamatane

ζωολογικός κήπος - i-zoo

αθλήματα
temidlalo

Αμερικάνικο ποδόσφαιρο
libhola letinyawo laseMelika

ποδηλασία
umdlalo wemabhayisikili

αντισφαίριση
itenesi

μπάσκετ
i-basketball

κολύμβηση
kududa

πυγχαμία
umdlalo wetibhakela

χόκεϋ επί πάγου
umdlalo waselichweni

ποδόσφαιρο
libhola letinyawo

μπάντμιντον
i-badminton

στίβος
tingijimi

χάντμπολ
libhola letandla

σκι
umdlalo wekuntjuza

πόλο
i-polo

δραστηριότητες
imisebenti

πηδάω — gcuma
γελάω — hleka
αγκαλιάζω — gona
περπατάω — hamba
τραγουδάω — hlabela
ονειρεύομαι — liphupho
προσεύχομαι — thantaza
φιλάω — cabuza

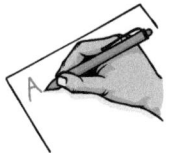

γράφω
bhala

σχεδιάζω
tsatsa

δείχνω
khombisa

πιέζω
fuca

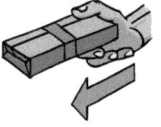

δίνω
nika

παίρνω
tsatsa

 έχω tsatsa	 κάνω yenta	 είμαι be
 στέκομαι sukuma	 τρέχω gijima	 τραβάω dvonsa
 ρίχνω jika	 πέφτω wani	 ξαπλώνω cala emanga
 περιμένω mani	 κουβαλώ tsatsa	 κάθομαι hlala
 φοράω yembatsa	 κοιμάμαι lala	 ξυπνάω vuka

δραστηριότητες - imisebenti

κοιτάω
buka

κλαίω
khala

χαϊδεύω
shaya

χτενίζω
kama

μιλάω
khuluma

καταλαβαίνω
condza

ρωτάω
buta

ακούω
lalela

πίνω
natsa

τρώω
dlani

συγυρίζω
gcogca

αγαπάω
tsandza

μαγειρεύω
pheka

οδηγώ
shayela

πετάω
ndiza

δραστηριότητες - imisebenti

κάνω ιστιοπλοΐα
ntjuza

υπολογίζω
bala

διαβάζω
fundza

μαθαίνω
fundza

δουλεύω
sebenta

παντρεύομαι
shada

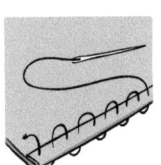

ράβω
tfunga

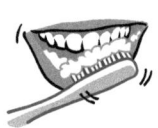

βουρτσίζω τα δόντια
kugeza ematinyo

σκοτώνω
bulala

καπνίζω
bhema

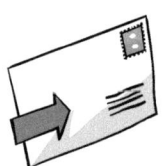

στέλνω
tfumela

οικογένεια
umndeni

καλεσμένος
sivakashi

θεία
anti

θείος
malume

αδελφός
umnaketfu

αδελφή
sisi

σώμα
umtimba

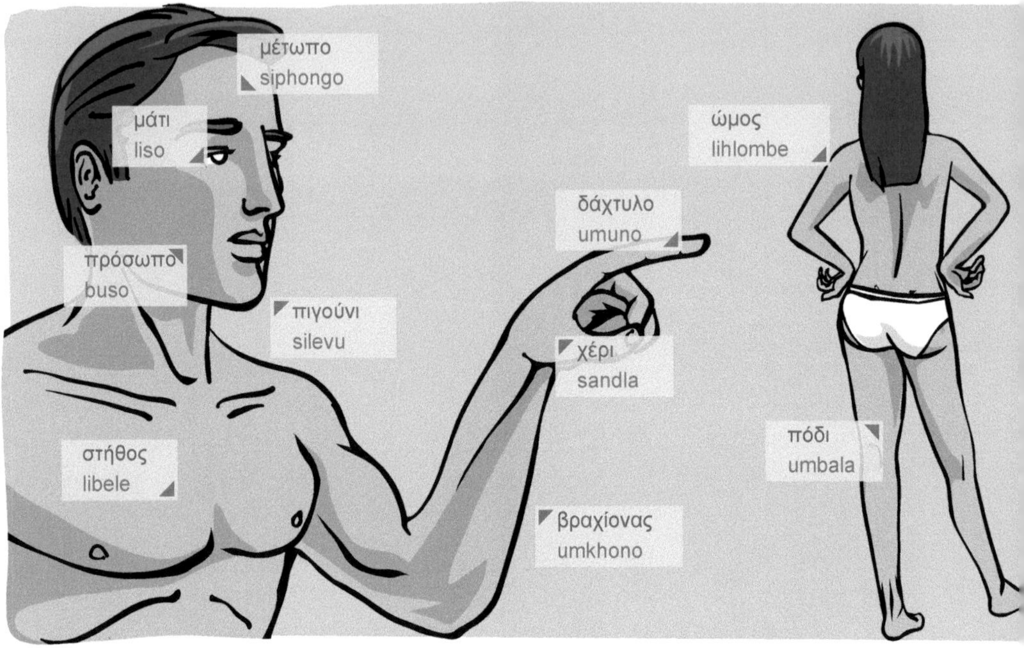

- μέτωπο / siphongo
- μάτι / liso
- πρόσωπο / buso
- πιγούνι / silevu
- στήθος / libele
- δάχτυλο / umuno
- χέρι / sandla
- βραχίονας / umkhono
- ώμος / lihlombe
- πόδι / umbala

μωρό
umntfwana

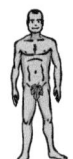

άνδρας
indvodza

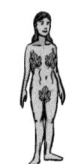

γυναίκα
umfati

κορίτσι
intfombatane

αγόρι
umfana

κεφάλι
inhloko

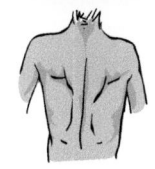
πλάτη
emuva

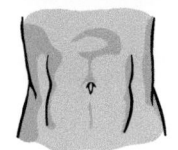
κοιλιά
umkhatjana

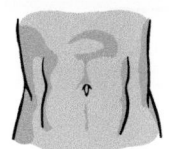
αφαλός
sibhono

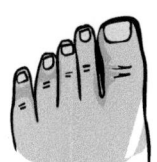
δάχτυλο ποδιού
luzwane

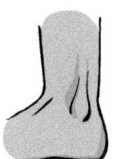
φτέρνα
sitsendze

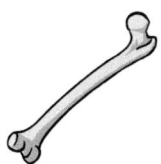
κόκκαλο
litsambo

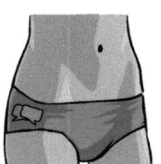
γοφός
litsanga

γόνατο
lidvolo

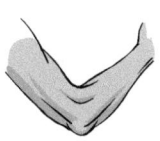
αγκώνας
ingcosa

μύτη
imphumulo

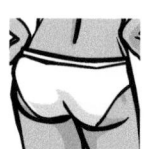
γλουτός
entansi

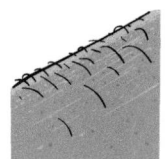
δέρμα
sikhumba

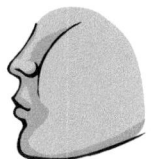
μάγουλο
sihlatsi

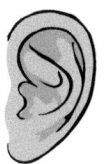
αυτί
indlebe

χείλος
indzebe

σώμα - umtimba

στόμα
umlomo

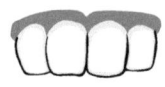

δόντι
litinyo

γλώσσα
lilimi

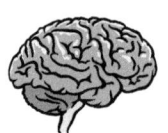

εγκέφαλος
bucopho

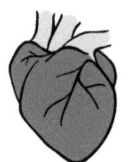

καρδιά
inhlitiyo

μυς
umsipha

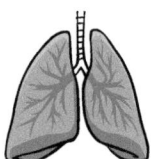

πνεύμονας
liphaphu

συκώτι
sibindzi

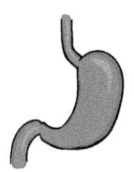

στομάχι
sisu

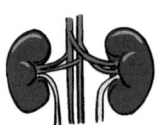

νεφρά
tinso

σεξουαλική επαφή
kulalana

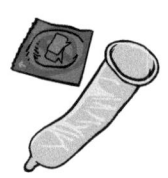

προφυλακτικό
lijazi lemkhwenyana

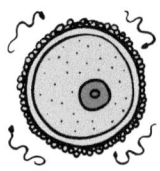

ωάριο
licandza lentalo

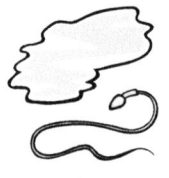

σπέρμα
sidvodza

εγκυμοσύνη
kukhulelwa

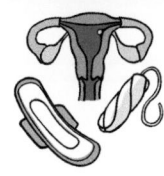		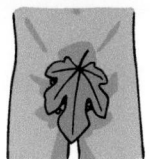
περίοδος	γυναικείος κόλπος	πέος
kuya esikhatsini	ligolo	umpipi

φρύδι	μαλλιά	λαιμός
inkhophe	lunwele	intsamo

σώμα - umtimba

νοσοκομείο
sibhedlela

νοσοκομείο
sibhedlela

ασθενοφόρο
i-ambulensi

αναπηρικό καροτσάκι
situlo semasondvo

κάταγμα
kwephuka kwelitsambo

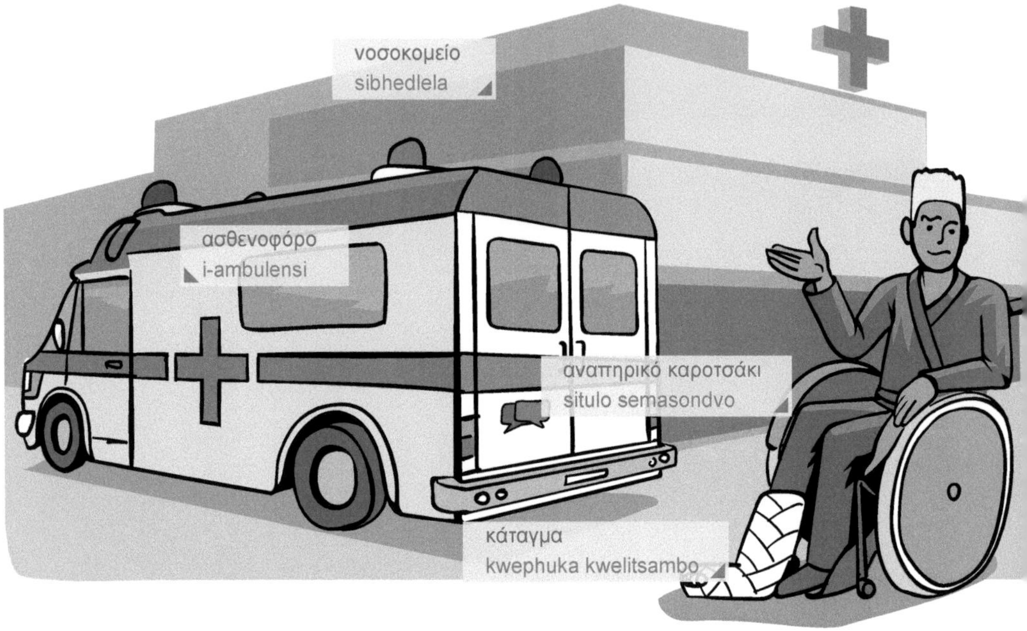

γιατρός
dokotela

μονάδα εντατικής θεραπείας
ligumbi letimo letiphutfumako

νοσοκόμα
nesi

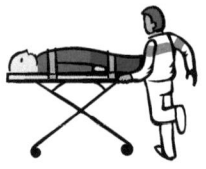

έκτακτη ανάγκη
simo lesiphutfumako

λιπόθυμος
kucaleka

πόνος
buhlungu

νοσοκομείο - sibhedlela

τραύμα
kulimala

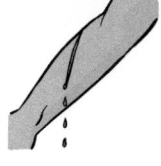
αιμορραγία
kopha

έμφραγμα
kuhlaselwa sifo senhlitiyo

εγκεφαλικό
kufa luhlangotsi

αλλεργία
i-aleji

βήχας
kukhwehlela

πυρετός
kushisa

γρίπη
umkhuhlane

διάρροια
kusheka

πονοκέφαλος
kubulawa yinhloko

καρκίνος
umdlavuza

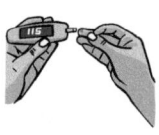
διαβήτης
kuba nashukela

χειρουργός
dokotela

νυστέρι
umukhwa wekusika wabodokotela

εγχείρηση
kusikwa

νοσοκομείο - sibhedlela

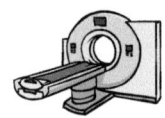
αξονική τομογραφία
i-CT

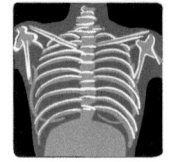
ακτινογραφία
i-x ray

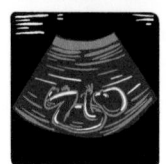
υπέρηχος
umsindvo

μάσκα
sifonyo

ασθένεια
sifo

αίθουσα αναμονής
ligumbi lekulindza

πατερίτσα
indvuku yekuhamba

χάνσαπλαστ
i-plaster

επίδεσμος
ibhandishi

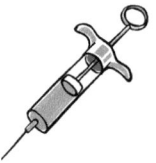
ένεση
umjovo

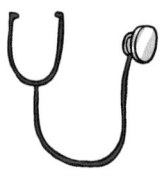
στηθοσκόπιο
lithulusi labodokotela lekulalela inhlitiyo

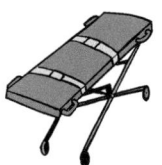
φορείο
luhlaka

θερμόμετρο
kwekuhlola lizinga lemuntfu lekushisa

γέννηση
kutalwa

υπέρβαρο
kunona kakhulu

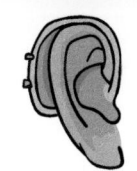
ακουστικό βαρηκοΐας
tinsita tekuva etindlebeni

αντισηπτικό
sibulali magciwane

λοίμωξη
kwesuleleka ngesifo

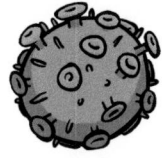
ιός
ligciwane

HIV/AIDS
i-HIV / AIDS

φάρμακο
umutsi

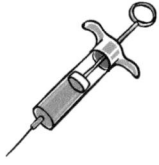
εμβολιασμός
kugoma

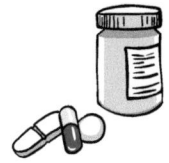
δισκία
emaphilisi

χάπι
liphilisi

κλήση έκτακτης ανάγκης
lucingo loluphutfumako

πιεσόμετρο αίματος
sicaphi semfutfo wengati

άρρωστος / υγιής
gula / umcemane

έκτακτη ανάγκη
simo lesiphutfumako

Βοήθεια! Lusito!	 συναγερμός i-alamu	 βιαιοπραγία kuhlukumeta
 επίθεση kuhlasela	 κίνδυνος ingoti	 έξοδος κινδύνου umnyango wekuphuma nakuphutfuma
Φωτιά! Umlilo	 πυροσβεστήρας sicishamlilo	 ατύχημα ingoti
 κουτί πρώτων βοηθειών ikhidi yelusito lwekucala	 SOS SOS	 αστυνομία emaphoyisa

Γη
Umhlaba

Ευρώπη
i-Europe

Βόρεια Αμερική
iNyakatfo YeMelika

Νότια Αμερική
iNingizimu YeMelika

Αφρική
i-Afrika

Ασία
i-Asia

Αυστραλία
i-Australia

Ατλαντικός Ωκεανός
i-Atlantic

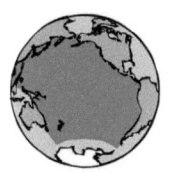

Ειρηνικός Ωκεανός
i-Pacific

Ινδικός Ωκεανός
i-Idian Ocean

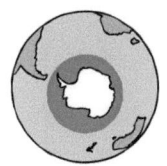

Ανταρκτικός Ωκεανός
i-Antarctic Ocean

Αρκτικός Ωκεανός
i-Arctic Ocean

Βόρειος Πόλος
Ligumbi laseNyakatfo

Νότιος Πόλος	Ανταρκτική	Γη
Ligumbi laseNingizimu	iAntarctica	Umhlaba

γη	θάλασσα	νησί
indzawo	lwandle	sichingi

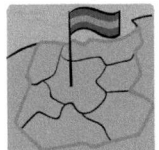 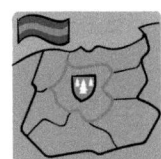

έθνος	πολιτεία
sive	umbuso

ρολόι
liwashi

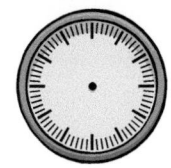

καντράν ρολογιού
buso beliwashi

ωροδείκτης
li-awa

λεπτοδείκτης
imizuzu

δείκτης δευτερολέπτων
imizuzwana

Τι ώρα είναι;
sikhatsi sini nyalo?

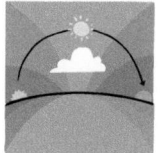

ημέρα
lusuku

χρόνος
sikhatsi

τώρα
nyalo

ψηφιακό ρολόι
liwashi lesimanjemanje

λεπτό
umzuzu

ώρα
li-awa

εβδομάδα
liviki

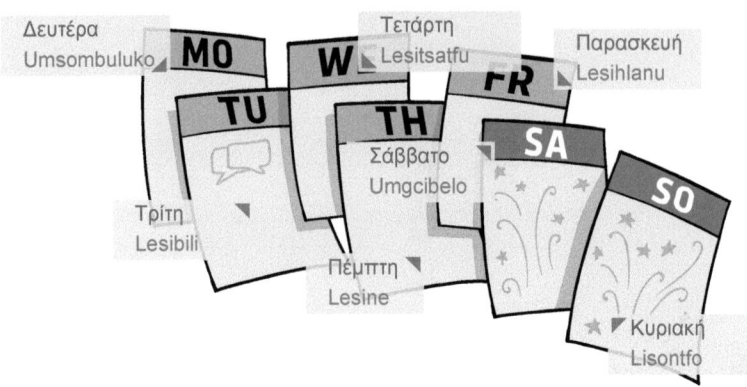

χθες
itolo

σήμερα
lamuhla

αύριο
kusasa

πρωί
ekuseni

μεσημέρι
emini

βράδυ
entsambama

εργάσιμες ημέρες
emalanga emsebenti

Σαββατοκύριακο
imphelasontfo

έτος
umnyaka

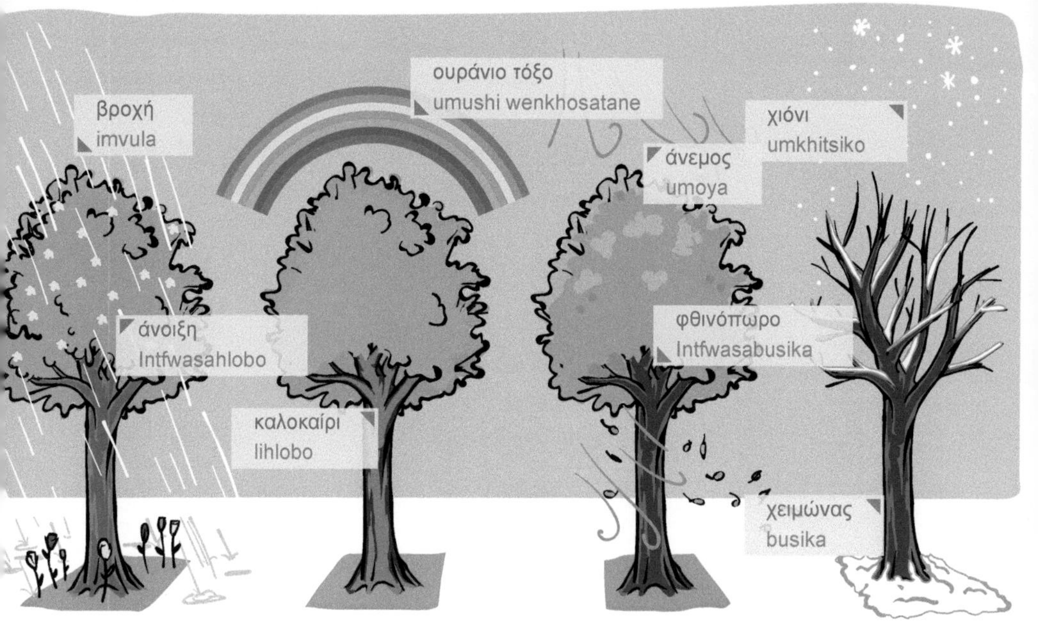

βροχή
imvula
ουράνιο τόξο
umushi wenkhosatane
χιόνι
umkhitsiko
άνεμος
umoya
άνοιξη
Intfwasahlobo
φθινόπωρο
Intfwasabusika
καλοκαίρι
lihlobo
χειμώνας
busika

4.APRIL 11°
5.APRIL 4°
6.APRIL 13°
7.APRIL 8°
8.APRIL 10°

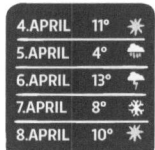

πρόγνωση καιρού

simo selitulo

F C
120 90 60 30 0 -30
40 30 20 10 0 -10 -20

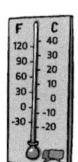

θερμόμετρο

kwekuhlola lizinga lekushisa

λιακάδα

kubalela

σύννεφο

emafu

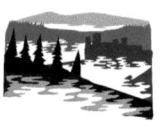

ομίχλη

inkhungu

υγρασία

umswakamo

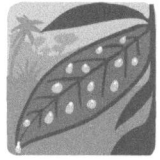

αστραπή	κεραυνός	καταιγίδα
umbane	umbane	kudvuma lobunebungoti

 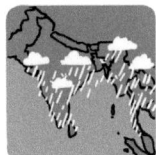 

χαλάζι	μουσώνας	πλημμύρα
sangcotfo	inyeti	tikhukhula

πάγος	Ιανουάριος	Φεβρουάριος
lichwa	Bhimbidvwane	Indlovana

  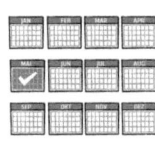

Μάρτιος	Απρίλιος	Μάιος
Indlovulenkhulu	Mabasa	Inkhwenkhweti

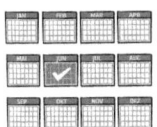  

Ιούνιος	Ιούλιος	Αύγουστος
Inhlaba	Kholwane	Ingci

έτος - umnyaka

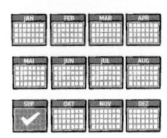

Σεπτέμβριος

Inyoni

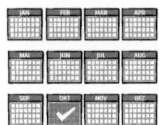

Οκτώβριος

Imphala

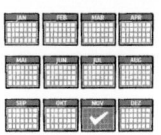

Νοέμβριος

Lweti

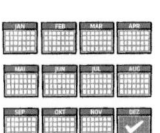

Δεκέμβριος

Ingongoni

σχήματα
kubumbeka kwetintfo

κύκλος

indingiliza

τετράγωνο

sikwele

ορθογώνιο
παραλληλόγραμμο
umdvwebo lonetinhlangotsi
letindze letilinganako

τρίγωνο

ncantsatfu

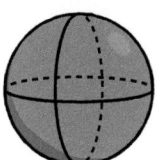

σφαίρα

i-sphere

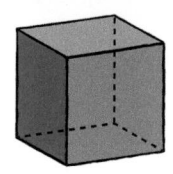

κύβος

ikhiyubhu

χρώματα
imibala

άσπρο
kumhlophe

κίτρινο
phuti

πορτοκαλί
sheli

ροζ
kupinki

κόκκινο
kubovu

μωβ
kunsomi

μπλε
luhlata

πράσινο
luhlata njengetjani

καφέ
loku-brown

γκρι
mtfubi

μαύρο
mnyama

αντίθετα
lokwehlukile

πολύ / λίγο
kunyenti / kuncane

θυμωμένος / ήρεμος
kutfukutsela / kwehlisa umoya

όμορφος / άσχημος
buhle / bubi

αρχή / τέλος
sicalo / siphetfo

μεγάλος / μικρός
bukhulu / buncane

φωτεινός / σκοτεινός
kukhanya / bumnyama

αδελφός / αδελφή
bhuti / sisi

καθαρός / λερωμένος
kuhloba / kungcola

πλήρης / ατελής
kuphelela / kungapheleli

ημέρα / νύχτα
imi / busuku

νεκρός / ζωντανός
kufa / kuphila

φαρδύς / στενός
kubanti / kuncane

βρώσιμος / μη βρώσιμος
lokudliwako / lokungadliwa

κακός / ευγενικός
inhlitiyo lembi / umusa

ενθουσιασμένος / βαριεστημένος
kutsakasa / kudvumala

παχύς / λεπτός
sidudla / umcondvo

πρώτος / τελευταίος
kwekucala / kwekugcina

φίλος / εχθρός
umngani / sitsa

γεμάτος / άδειος
kugcwala / kute lutfo

σκληρός / μαλακός
kucina / kutsamba

βαρύς / ελαφρύς
kusindza / kulula

πείνα / δίψα
kulamba / koma

άρρωστος / υγιής
gula / umcemane

παράνομος / νόμιμος
kungabi semtsetfweni / kuba semtsetfweni

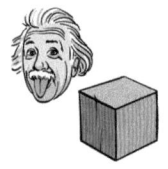 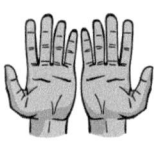 

έξυπνος / χαζός
kuhlakanipha / bulima

αριστερός / δεξιός
sencele / sekudla

κοντινός / μακρινός
dvutane / khashane

αντίθετα - lokwehlukile

καινούριος / μεταχειρισμένος
lokusha / lokudzala

τίποτα / κάτι
kute lutfo / kunalokutsite

γέρος | νέος
budzala / busha

αναμμένος / σβηστός
kuyasebenta / akusebenti

ανοιχτός / κλειστός
kuvulekile / kuvalekile

χαμηλόφωνος / μεγαλόφωνος
kuthula / umsindvo

πλούσιος / φτωχός
kunjinga / kuphuya

σωστός / λανθασμένος
kulungile / akukalungi

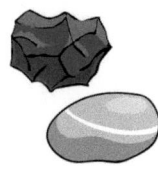

τραχύς / λείος
kuyahhedla / kuyashelela

λυπημένος / χαρούμενος
kuva buhlungu / kujabula

κοντός / μακρύς
kufishane / kudze

αργός / γρήγορος
kunwabuka / kushesha

υγρός / στεγνός
kumanti / komile

ζεστός / δροσερός
kufutfumele / kusivuvu

πόλεμος / ειρήνη
imphi / kuthula

αντίθετα - lokwehlukile

αριθμοί
tinombolo

0
μηδέν
indilinga

1
ένα
kunye

2
δύο
kubili

3
τρία
kutsatfu

4
τέσσερα
kune

5
πέντε
sihlanu

6
έξι
sitfupha

7
εφτά
sikhombisa

8
οκτώ
siphohlongo

9
εννιά
yimfica

10
δέκα
lishumi

11
έντεκα
lishumi nakunye

12

δώδεκα
lishumi nakubili

13

δεκατρία
lishumi nakutsatfu

14

δεκατέσσερα
lishumi nakune

15

δεκαπέντε
lishumi nesihlanu

16

δεκαέξι
lishumi nesitfupha

17

δεκαεφτά
lishumi nesikhombisa

18

δεκαοκτώ
lishumi nesiphohlongo

19

δεκαεννέα
lishumi nemfica

20

είκοσι
emashumi lamabili

100

εκατό
likhulu

1.000

χίλια
inkhulungwane

1.000.000

εκατομμύριο
sigidzi

αριθμοί - tinombolo

γλώσσες
tilwimi

Αγγλικά
Singisi

Αμερικάνικα Αγγλικά
Singisi saseMelika

Μανδαρίνικα Κινέζικα
SiMandarini seseShayina

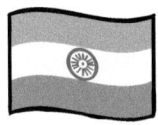

Χίντι
SiHindi

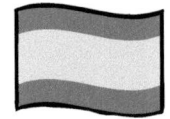

Ισπανικά
Sipanishi

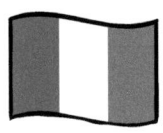

Γαλλικά
SiFulentji

Αραβικά
Si-Arabu

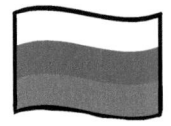

Ρώσικα
SiRashiya

Πορτογαλικά
SiPhuthukezi

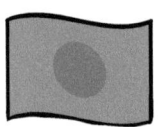

Μπενγκάλι
SiBhengali

Γερμανικά
SiJalimane

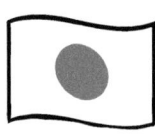

Ιαπωνικά
SiJapane

ποιος / τι / πως
ngubani / ini / njani

εγώ
Mine

εσύ
wena

αυτός / αυτή / αυτό
yena / yona

εμείς
tsine

εσείς
nine

αυτοί / αυτές / αυτά
bona

ποιος / ποια / ποιο;
bani?

τι;
ini?

πώς;
njani?

πού;
kuphi?

πότε;
nini?

όνομα
libito

που
kuphi

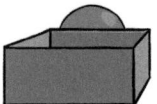

πίσω
ngemuva

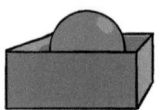

μέσα
ekhatsi

μπροστά
embi kwe

πάνω από
ngenhla

πάνω
etulu

κάτω
ngephansi

δίπλα
eceleni

ανάμεσα
emkhatsini

μέρος
indzawo